Préface à "La transformation des Alphas"

Les livres, nous en convenons volontiers, ne sont pas écrits avec des Alphas et il faut assurer le passage de l'Alpha à ce que nous appelons communément les lettres.

Plusieurs années d'expériences vécues au quotidien avec des enfants de tous horizons socioculturels – élèves en difficulté ou jeunes apprentis lecteurs – ont montré l'extraordinaire pouvoir de fascination que ces petits êtres exercent sur les enfants et l'incroyable force des relations affectives que ceux-ci nouent avec les Alphas.

Dès lors, le problème suivant s'est posé : comment transférer aux lettres, dans leurs divers types d'écriture, la dimension fonctionnelle et affective des Alphas ?

Tout d'abord, il fallait partir de la réalité des enfants et non pas de notre vision travestie d'adultes.

A cet égard, il nous faut prendre conscience que, pour les enfants, les Alphas ne sont pas des lettres déguisées, mais de vrais personnages.

Dès lors, puisque ces personnages préexistent à toute autre forme d'expression du langage, il fallait trouver une explication logique, acceptable par les enfants et qui ne porte atteinte en aucune manière à la relation affective, aux multiples métamorphoses dont ils sont l'objet, pour répondre aux contraintes formelles liées à la diversité graphique de notre écriture.

C'est dans cette optique que Mme Claude Huguenin a conçu les deux histoires «A la poursuite des Alphas» et «Sauve qui peut».

Celles-ci présentent le grand avantage de permettre l'introduction rapide de tous les types d'écriture, tout en conférant aux lettres toutes les propriétés des Alphas et sans engendrer de rupture sur le plan du rapport affectif.

Publiées auparavant séparément, les deux histoires «À la poursuite des Alphas» et «Sauve qui peut» ont aujourd'hui été réunies en un seul ouvrage intitulé «La transformation des Alphas».

L'objectif est d'améliorer l'aspect pratique et de rendre moins coûteux cet outil indispensable au bon fonctionnement de cette démarche pédagogique.

Pour autant, ces deux histoires ne doivent en aucun cas être lues à la suite. Nous vous renvoyons à ce propos aux consignes données dans le préambule de chaque histoire, à savoir en pages 4 et 32.

Préambule à l'histoire "A la poursuite des Alphas"

L'histoire qui suit, intitulée « A la poursuite des Alphas », permet aux enfants de faire le lien entre l'Alpha et l'écriture minuscule scripte que l'on rencontre dans la plupart des ouvrages imprimés.

Elle constitue en effet une explication logique à la nouvelle apparence des Alphas.

En effet, pour échapper à la sorcière, Furiosa, les Alphas vont se transformer en ... lettres minuscules scriptes. Ainsi, seuls ceux qui connaissent les secrets des Alphas seront en mesure de les reconnaître sous leur nouvelle apparence.

Recommandations importantes

1/ Cette histoire doit être racontée par l'adulte et en aucun cas faire l'objet d'une activité de lecture avec les enfants !

2/ Pour garantir une efficacité pédagogique optimale, il est essentiel que cette histoire ne soit racontée qu'après que les enfants aient acquis une bonne connaissance de l'histoire du conte « La planète des Alphas » et des activités qui y sont associées.

A titre informatif, le dessin-animé est disponible sur www.lesalphas.net

3/ Pour permettre aux enfants de conserver leurs références, il est important de ne pas briser les liens affectifs qu'ils ont noués avec les Alphas, en s'efforçant de parler d' « Alpha transformé » et non pas de lettre.

A la suite de cette histoire, vous pourrez proposer aux enfants certaines des activités du jeu de cartes « La planète des Alphas », en prenant soin d'utiliser exclusivement les cartes représentant les personnages et celles correspondant aux « Alphas transformés » en écriture minuscule scripte.

L'histoire « A la poursuite des Alphas » associée aux activités du jeu de cartes « La planète des Alphas » aura permis aux enfants de reconnaître un premier mode d'écriture, la minuscule scripte, sans surcharger inutilement leur mémoire cognitive.

Ils seront alors prêts à effectuer leurs premiers pas dans la lecture à travers les cinq premières histoires proposées par le recueil de textes tome 1.

A la poursuite des alphas

Conception et texte : Mme Claude Huguenin

Depuis la nuit des temps,

les Alphas dorment dans

les livres.

Furiosa cherche à les détruire
par tous les moyens.

Elle regarde minutieusement tous les ouvrages sur lesquels elle peut mettre la main.

En vain ! Jusqu'à présent,

les Alphas sont toujours

parvenus à fuir à temps.

Mais ils sont très inquiets.

Furiosa ne leur laisse plus

aucun répit.

Jusqu'à quand arriveront-ils

à lui échapper ?

Furiosa ouvre un livre...

Elle surprend le gulu en train

de dormir paisiblement.

- Trop tard ! Cette fois, je te

tiens, hurle-t-elle.

ZZZZZZ

15

Le gulu, réveillé en sursaut, bondit. Furiosa se lance à ses trousses.

17

Le gulu est malin.

Il se réfugie chez la fée.

La fée réconforte le gulu.

- Je pense avoir trouvé une solution pour vous protéger contre Furiosa, dit-elle.

Je vais vous donner le pouvoir de vous transformer.

Sur ces paroles, la fée pointe sa baguette magique sur le gulu...

La fée ajoute encore :

- Certes, Furiosa va continuer à vous pourchasser,

mais je doute fort qu'elle vous reconnaisse sous votre nouvelle apparence.

23

Furiosa vient de repérer

le gulu. Elle le traque.

Le gulu se glisse dans
un livre sous son nez.

Furiosa est sûre qu'elle tient enfin le gulu. Elle ouvre le livre... Mais, à sa plus grande surprise, le gulu a disparu...

Furiosa n'y comprend rien. Elle est dépitée.

Préambule à l'histoire ˮSauve qui peut"

Comme la précédente, l'histoire intitulée « Sauve qui peut », permet aux enfants de faire le lien entre l'Alpha et les différents types d'écriture, autres que l'écriture minuscule scripte.

Elle constituera ainsi le point de départ pour la découverte, puis l'apprentissage des autres types d'écriture, à savoir l'écriture scripte et cursive, minuscule et majuscule.

Recommandations importantes

1/ Cette histoire doit être racontée par l'adulte et en aucun cas faire l'objet d'une activité de lecture avec les enfants !

2/ Avant de raconter cette histoire, il est important que les enfants aient d'ores et déjà lu au moins les cinq premières histoires du recueil de textes tome 1. Ainsi, ils auront pu se familiariser avec l'écriture minuscule scripte, avant d'aborder les autres types d'écriture, évitant ainsi de surcharger leur mémoire cognitive.

3/ Toujours dans le souci de permettre aux enfants de conserver leurs références, il est important de ne pas briser les liens affectifs qu'ils ont noués avec les Alphas, en s'efforçant de parler d' « Alpha transformé » et non pas de lettre.

A la suite de cette histoire, vous pourrez proposer aux enfants les activités du jeu de cartes « La planète des Alphas », notamment le jeu de la sorcière qui permet d'exercer l'enfant aux différents types d'écriture.

Sauve qui peut

Conception et texte : Mme Claude Huguenin

Depuis le jour où la fée a donné aux Alphas le pouvoir de se transformer, ils vivent heureux et tranquilles.

Toutefois, Furiosa continue à épier les Alphas.

Elle cherche désespérément à les attraper ; mais, à chaque fois, les Alphas disparaissent et lui échappent.

Furiosa s'est enfermée dans son laboratoire. Elle est plongée dans ses pensées.

- Comment, se demande-t-elle, ces maudits Alphas peuvent-ils entrer dans un livre, disparaître, puis ressurgir ?

Furiosa décide de percer ce mystère. Elle va photographier quelques Alphas.

Les Alphas sont fatigués.

Ils pénètrent les uns après les autres dans les livres. Le serpent est en dernier.

Il n'a pas vu Furiosa tapie dans un coin.

Clac ! Furiosa a réussi à

photographier le serpent.

La photo à la main,

elle empoigne le livre où

les Alphas dorment.

Munie d'une loupe, elle examine les Alphas, sans les reconnaître. Soudain, elle tombe sur le serpent.

- Eurêka ! Cette fois,

je les tiens, hurle-t-elle.

Les Alphas réveillés en sursaut bondissent et se précipitent chez la fée.

Celle-ci comprend vite que les

Alphas sont à nouveau

en danger.

Il faut trouver rapidement une

autre protection. La fée reste

calme. Elle réfléchit.

Quelques instants plus tard,

elle s'approche du serpent

et lui dit :

- Ne t'inquiète plus. Je vais

vous donner à tous le pouvoir

de vous transformer de

manière à devenir totalement

méconnaissables.

Effectivement, sous

les yeux ahuris des autres

Alphas, le serpent vient de se

métamorphoser.

C'est ainsi que grâce à
la fée, tous les Alphas ont
désormais le pouvoir de se
transformer complètement.

Une fois de plus, Furiosa aura du fil à retordre pour reconnaître les Alphas et les attraper.

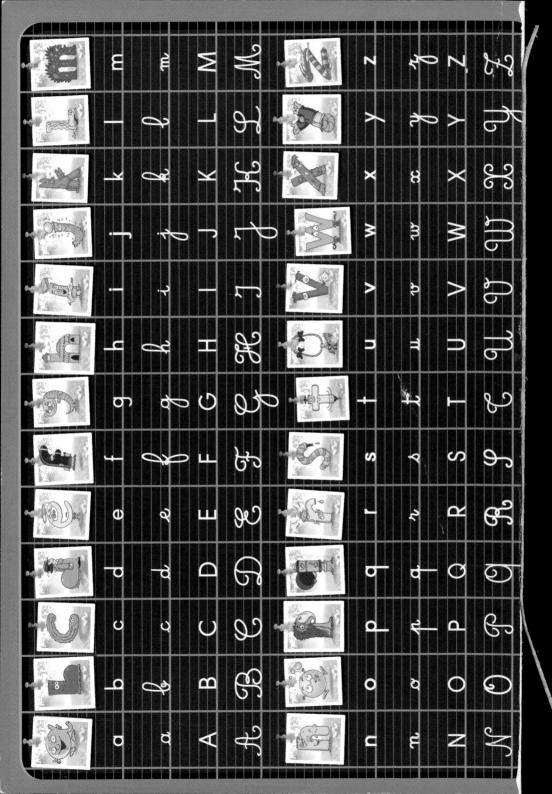